ພົນໄພບຄາວເຖາະ

ໂດຍ ຮິແວັດ ມິດເຊລ໌

Library For All Ltd.

ພິມກັບຄາວເຄາະ

ພິມຄັ້ງທຳອິດ 2022

ຈັດພິມໂດຍ: ອົງການ Library For All
ອີເມວ: info@libraryforall.org
URL: libraryforall.org

ພິມກັບຄາວເຄາະ
ອິແວັດ ມິດເຊລ
ISBN: 978-9932-14-024-4
SKU02482

ພິບພັບດາວເຖາະ

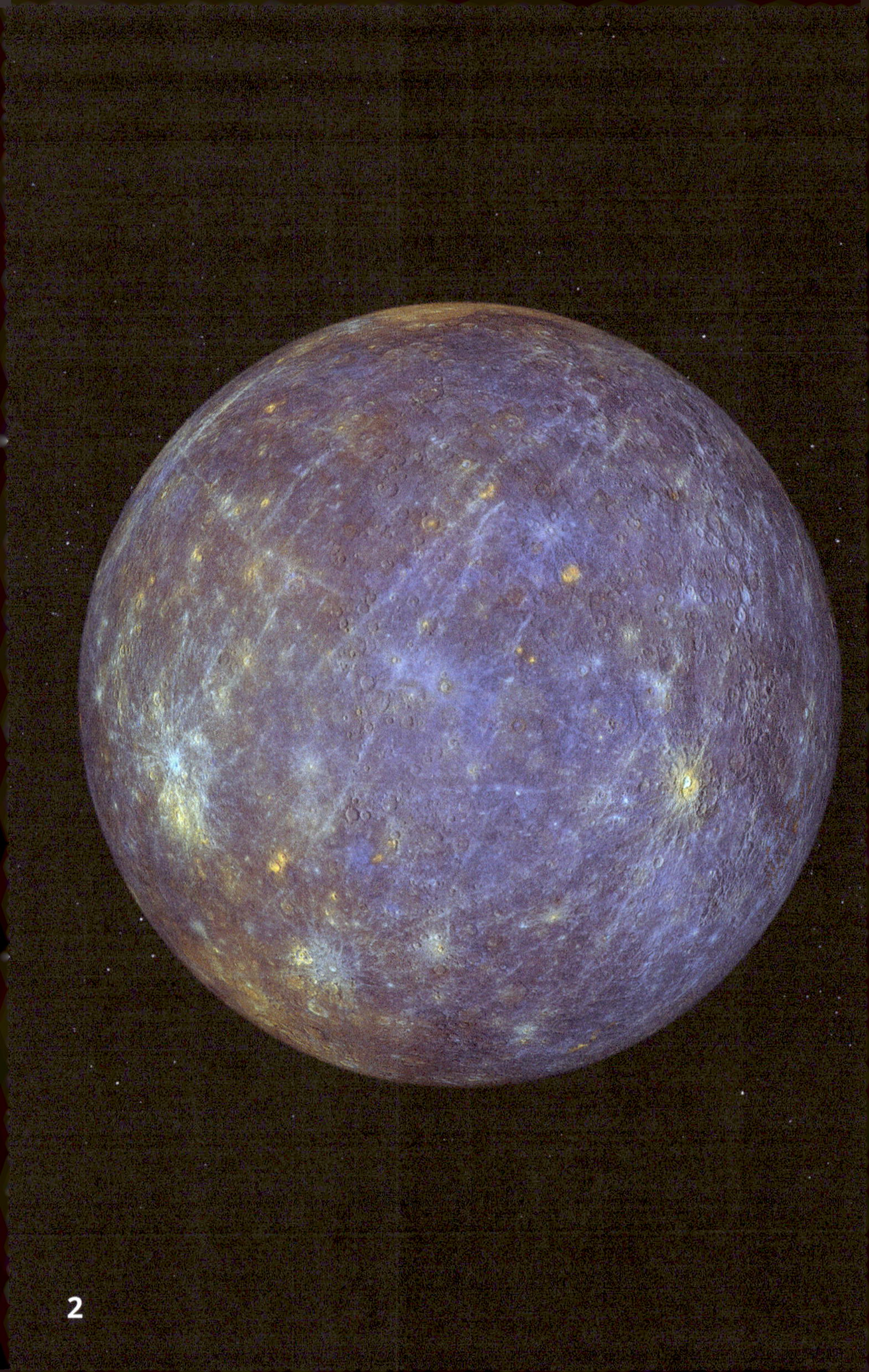

ຂ້ອຍແມ່ນ ດາວພຸດ.

ຂ້ອຍແມ່ບ
ດາວສຸກ.

ຂ້ອຍແມ່ບ ໂລກ.

ຂ້ອຍແມ່ນ
ດາວອ້າງຄານ.

ຂ້ອຍແມ່ນ
ດາວພະຫັດ.

ຂ້ອຍແມ່ນ
ດາວເສົາ.

ຂ້ອຍແມ່ນ
ດາວຢູ່ລາບຸດ.

ຂ້ອຍແມ່ນ
ດາວເບັດຕູນ.

ພວກເຮົາແມ່ນ
ດາວເຄາະ.

Photo Credits

Cover and pp. 4–5	Shutterstock.com/HAKAN AKIRMAK VISUALS/ID: 1919638547
Title page and pp. 6–7	Shutterstock.com/19 STUDIO/ID: 1718232061
pp. 2–3	Shutterstock.com/ HAKAN AKIRMAK VISUALS/ID: 1807071439
pp. 8–9	Shutterstock.com/Vadim Sadovski/ID: 344786984
pp. 10–11	Shutterstock.com/HAKAN AKIRMAK VISUALS/ID: 1796224600
pp. 12–13	Shutterstock.com/HelenField/ID: 246859267
pp. 14–15	Shutterstock.com/NASA images/ID: 652120258
pp. 16–17	Shutterstock.com/HAKAN AKIRMAK VISUALS/ID: 1797566068
pp. 18–19	Shutterstock.com/Christos Georghiou/ID: 232087309

ຂໍ້ມູນທາງບັນນາບຸກົມຂອງຫໍສະໝຸດແຫ່ງຊາດ

ອິແວັດ ມິດເຊລ໌
    ພິບກັບດາວເຄາະ / ໂດຍ ອິແວັດ ມິດເຊລ໌. -- ວຽງຈັນ: ປຶ້ມອ່ານ, 2022
    18 ໜ້າ : ພາບປະກອບສີ ; 26 ຊມ
    1. ວັນນະກຳສຳລັບເດັກ
    I. ຊື່ເລື່ອງ
808.068 -- dc21
    ເລກທະບຽນພິມຈຳໜ່າຍ: 065 / ວພຈ07052040
    ISBN 978-9932-14-024-4

ເຈົ້າສາມາດໃຊ້ຄຳຖາມດັ່ງລຸ່ມນີ້ເພື່ອ ຊິບທະນາກ່ຽວກັບເລື່ອງທີ່ອ່ານກັບ ຄອບຄົວ, ໝູ່ ແລະ ຄູອາຈານ.

ເຈົ້າໄດ້ຮຽນຮູ້ຫຍັງຈາກເລື່ອງນີ້?

ຈົ່ງອະທິບາຍເລື່ອງນີ້ ໂດຍໃຊ້ຄຳບັນຍາຍ
1ຄຳ. ຕະຫຼົກ? ຢ້ານ? ມິສິສັນ? ໜ້າສົນໃຈ?

ເມື່ອອ່ານຈົບແລ້ວ,
ເລື່ອງນີ້ໃຫ້ຄວາມຮູ້ສຶກຫຍັງແດ່?

ໃນເລື່ອງນີ້, ເຈົ້າມັກສິ່ງໃດຫຼາຍທີ່ສຸດ?

ກ່ຽວກັບຜູ້ປະກອບສ່ວນ

Library For All ເຮັດວຽກຮ່ວມມືກັບນັກຂຽນ ແລະ ນັກແຕ້ມ ທົ່ວ ໂລກເພື່ອສ້າງເລື່ອງທີ່ຫຼາກຫຼາຍ, ມີຄຸນນະພາບສູງໃຫ້ກັບຜູ້ອ່ານໂຕນ້ອຍ. ທຸກຄົນສາມາດເຂົ້າໄປ ເວັບໄຊ libraryforall.org ເພື່ອຮູ້ຂ່າວຫຼ້າສຸດ ກ່ຽວກັບກິດຈະກຳຝຶກອົບຮົມນັກຂຽນ, ຄູ່ມືຕ່າງໆ ແລະ ໂອກາດສ້າງສັນອື່ນໆ.

ປື້ມຫົວນີ້ມ່ວນບໍ່?

ພວກເຮົາມີປື້ມຫຼາຍຮ້ອຍຫົວໃຫ້ເລືອກອ່ານ.

ພວກເຮົາຮ່ວມມືກັບນັກຂຽນ, ຊ່ຽວຊານດ້ານການສຶກສາ, ທີ່ປຶກສາທາງດ້ານວັດທະນະທຳ, ລັດຖະບານ ແລະ ອົງກອນທີ່ບໍ່ຂຶ້ນກັບລັດຖະບານ ເພື່ອນຳຄວາມເພີດເພີນ ໃນການອ່ານໃຫ້ກັບເດັກນ້ອຍທົ່ວທຸກແຫ່ງ.

ຮູ້ບໍ່?

ພວກເຮົາສ້າງການປ່ຽນແປງທີ່ດີໃນຂົງເຂດນີ້ ໂດຍປະຕິບັດ ເປົ້າໝາຍການພັດທະນາແບບຍືນຍົງຂອງສະຫະປະຊາຊາດ.

libraryforall.org